Die Gleichnisse Jesu den Kindern erzählt

von Reinhard Abeln

mit Bildern von Margret Bernard-Kress

Verlag Butzon & Bercker Kevelaer
Verlag Ernst Kaufmann Lahr

Inhalt

Der Sämann

Der Schatz und die Perle

Das verlorene Schaf

Die Arbeiter im Weinberg

Das große Festmahl

Der gute Mann aus Samarien

Das richtige Beten

Der reiche Kornbauer

Der unfruchtbare Feigenbaum

Der Vater und die beiden Söhne

**Liebe Eltern,
Großeltern und Erzieher!**

Als Jesus auf der Erde war, hat er den Menschen gesagt, was Gott von ihnen will. Er hat ihnen erzählt, wie sie leben sollen, damit sie einmal für immer bei Gott sein dürfen. Dazu benutzt Jesus eine besondere Form von Geschichten, die Gleichnisse heißen.

Jesus sprach oft in Gleichnissen, um mit ihrer Hilfe bestimmte Gedanken zu verdeutlichen. „Damit sollte sich erfüllen, was durch den Propheten gesagt worden ist: Ich öffne meinen Mund und rede in Gleichnissen, ich verkünde, was seit der Schöpfung verborgen war", heißt es bei Matthäus (13,35).

Dieses Buch schildert Kindern im Alter ab vier Jahren die Botschaft Jesu anhand ausgewählter Gleichnisse aus dem Neuen Testament.

Sie tut das in einer einfachen und kindgemäßen Sprache und mit vielen ausdrucksstarken Bildern. Die Kinder sollen merken, wie nahe ihnen Gott ist und wie wichtig sie ihm sind – und das jeden Tag neu!

Wenn Ihr Kind oder Ihr Enkel noch nicht lesen kann, lesen Sie ihm hin und wieder ein Gleichnis vor und schauen Sie sich mit ihm das dazu passende Bild an. Wenn es aber schon lesen kann, kann es sich allein mit den Gleichnissen und Bildern beschäftigen. Trotzdem wäre es schön, wenn Sie gelegentlich mit dem Kind darüber sprechen würden.

Am Schluss jeder Geschichte stehen Textstellen, mit denen Sie das betreffende Gleichnis in der Heiligen Schrift finden und im Wortlaut nachlesen können.

Ich wünsche Ihnen und Ihren Kindern bzw. Enkeln viel Freude beim Lesen und Verstehen der Gleichnisse Jesu!

Reinhard Abeln

Der Sämann

Eines Tages kam Jesus in die Gegend von Galiläa. Er saß am Seeufer und sprach zu den Leuten. Viele Menschen hörten ihm zu. Da erzählte er ihnen die Geschichte vom Sämann.

Einst, so sagte er, ging ein Bauer aufs Feld, um zu säen. Ein Teil der Saatkörner fiel auf den Weg. Dort wurden sie zertreten. Vögel sahen sie, flogen herbei und fraßen sie auf.

Andere Samenkörner fielen auf felsigen Boden. Dort gingen sie auf, doch bald vertrockneten die Pflänzchen, denn sie hatten nicht genug Wasser. Wieder andere Körner fielen unter die Dornen. Zuerst wuchsen sie, aber nach einiger Zeit erstickten die Dornen die kleinen Halme.

Ein Teil der Samenkörner fiel auf guten, fruchtbaren Ackerboden. Diese Körner gingen auf, und es wuchsen aus ihnen viele Ähren mit vielen Körnern. Der Bauer freute sich über eine reiche Ernte.

Wie mit den Samenkörnern, so ist es auch mit Gottes Wort, sagte Jesus. Bei einigen Menschen kann es nicht aufgehen, weil sie es zertreten und nur das Böse tun. Bei anderen kann es keine tiefen Wurzeln schlagen, weil sie wie felsige Erde sind. Bei wieder anderen erstickt Gottes Wort, weil sie nur an sich selbst denken, an ihre viele Arbeit und an das, was sie noch vorhaben.

Aber es gibt auch Menschen, bei denen Gottes Wort auf guten Boden fällt. Diese Menschen hören das Wort Gottes, bewahren es im Herzen und tun es. Sie bringen reiche Frucht, denn sie lieben Gott – und Gott liebt sie!

Lukas 8,4–15; Matthäus 13,1–23;
Markus 4,1–20

Der Schatz und die Perle

Jesus erzählte seinen Jüngern viele Geschichten, um ihnen das Reich Gottes zu erklären. Das Reich Gottes ist das Kostbarste, was ein Mensch besitzen kann, sagte er. Wer es gewinnen will, muss allerdings Opfer bringen, muss bereit sein, alles dafür herzugeben.

Einmal erzählte Jesus die Geschichte vom Schatz im Acker: Ein Mann grub eines Tages sein Land um. Da stieß er mit dem Spaten auf etwas Hartes. Neugierig grub er weiter und fand einen großen Schatz, der dort vielleicht schon viele Jahre gelegen hatte.

Doch dieser Schatz war nicht sein Eigentum, denn der Acker gehörte ihm nicht. Aber er wollte ihn unbedingt besitzen. Darum vergrub der Mann den Schatz wieder in der Erde.

Er ging nach Hause und verkaufte alles, was er besaß. Für das Geld kaufte er den Acker und damit auch den Schatz, der darin verborgen lag.

Ein andermal erzählte Jesus seinen Jüngern von einem Kaufmann, der schöne Perlen suchte. Eines Tages sah der Mann eine Perle, die so groß und herrlich war, wie er noch nie eine gesehen hatte. Da ging er hin, verkaufte alles, was er besaß, und erwarb für das Geld diese Perle. Von nun an war er der glücklichste Mensch.

Jesus erzählte noch andere Geschichten, die zeigen, wie wertvoll das Reich Gottes ist. Menschen, die dieses Reich entdecken, fühlen sich unermesslich reich. Sie sind überglücklich, wenn sie auch alles andere verlieren. Dieser Reichtum und dieses Glück können niemals verloren gehen.

Matthäus 13,44–46

Das verlorene Schaf

Die Pharisäer und Schriftgelehrten ärgerten sich über Jesus. Denn Jesus hatte schon wieder mit Leuten gesprochen, mit denen keiner etwas zu tun haben wollte. Alle wussten, dass diese Leute Sünder waren. Warum gab sich Jesus mit solchen Menschen ab?

Da erzählte Jesus den Pharisäern und Schriftgelehrten eine Geschichte: Stellt euch vor: Ein Mann hat hundert Schafe. Was tut er, wenn eines davon wegläuft? Er bringt die anderen neunundneunzig in Sicherheit und sucht dann das verlorene Schaf.

Der Mann durchstreift die Gegend so lange, bis er das eine Schaf findet. Wenn er es dann wiedergefunden hat, ist er überglücklich. Er nimmt das Schaf voll Freude auf seine Schultern und trägt es nach Hause.

Dann ruft er seine Freunde und Nachbarn zusammen und sagt zu ihnen: „Freut euch mit mir! Wir wollen heute ein großes Fest feiern. Denn ich habe das Schaf, das weggelaufen war, wiedergefunden!"

Danach erklärte Jesus seinen Zuhörern die Geschichte und sagte: Wie sich der Hirte über das eine wiedergefundene Schaf freut, so freut man sich auch im Himmel über einen einzigen Menschen, der sich wieder zu Gott hinwendet – mehr als über die anderen, die meinen, dass sie nicht umkehren müssen.

Lukas 15,1–7; Matthäus 18,12–14

Die Arbeiter im Weinberg

Es war einmal ein Mann, so erzählte Jesus seinen Jüngern, der ging eines Morgens in aller Frühe auf den Marktplatz. Er wollte dort Arbeiter für seine Weinernte anwerben. Dabei vereinbarte er mit ihnen, dass er ihnen für die Arbeit von einem Tag eine Silbermünze bezahlen würde.

Um neun Uhr, zur Mittagszeit und um drei Uhr nachmittags ging der Mann wieder auf den Markt und stellte weitere Arbeiter an. Es war schon fast fünf Uhr, als er ein letztes Mal dorthin ging. Er forderte die Männer, die dort herumstanden und den ganzen Tag noch nichts gearbeitet hatten, auf, in seinem Weinberg zu arbeiten.

Als es Abend wurde, sagte der Besitzer seinem Verwalter, er solle allen Arbeitern ihren Lohn geben, angefangen mit denen, die er zuletzt angestellt hatte. Die Nachzügler waren begeistert, dass sie den Lohn für einen Tag Arbeit, nämlich eine Silbermünze, bekamen.

Als die Männer, die den ganzen Tag gearbeitet hatten, an der Reihe waren, hofften sie, mehr Lohn zu bekommen. Aber auch sie erhielten nur eine Silbermünze. „Das ist nicht gerecht", murrten sie. „Wir wollen mehr Lohn. Wir haben den ganzen Tag in der Hitze gearbeitet und nicht bloß eine Stunde wie diese Nachzügler!"

Da sprach der Besitzer zu ihnen: „Hört zu, Freunde! Ich habe euch nicht unfair behandelt. Ich habe euch das bezahlt, was wir abgemacht hatten, nämlich eine Silbermünze! Es ist meine Sache, wie ich mein Geld ausgebe. Seid ihr denn neidisch, weil ich zu anderen Menschen gut und großzügig bin?"

Am Ende dieser Geschichte sagte Jesus zu seinen Zuhörern: „Wenn Gott abrechnet, dann geschieht es oft so, dass die Ersten die Letzten sein werden und die Letzten die Ersten!"

Matthäus 20,1–16

Das große Festmahl

Einmal erzählte Jesus seinen Zuhörern die Geschichte von einem großen Fest: Ein Mann lud zu einem großen Festmahl viele Leute ein. Als es dann so weit war, ließ er den eingeladenen Gästen durch seinen Diener mitteilen: „Kommt, es steht alles bereit!"

Aber einer nach dem anderen hatte eine Ausrede. Der Erste ließ sagen: „Ich habe einen Acker gekauft und muss ihn jetzt besichtigen. Bitte, entschuldige mich!" Ein anderer sagte: „Ich habe einige Ochsen gekauft und muss sie nun ausprobieren. Bitte, entschuldige mich!" Wieder ein anderer sagte: „Ich habe gerade geheiratet und kann deshalb nicht kommen. Bitte, entschuldige mich!"

Der Diener berichtete seinem Herrn, was jeder gesagt hatte. Da wurde der Mann zornig und sagte zu seinem Diener: „Geh auf die Straßen und Plätze der Stadt und hole die Armen und Krüppel, die Blinden und Lahmen herbei! Lade alle zu meinem Fest ein!"

Der Diener tat, was ihm aufgetragen wurde. Dann sagte er zu seinem Herrn: „Herr, es ist immer noch Platz da!" Da sagte der Mann zu ihm: „So geh auf die Landstraßen und vor die Stadt hinaus und lade alle ein, die du triffst! Mein Haus soll zum Festmahl doch voll werden!"

Das tat der Diener. Er holte die Leute von überall her. Und es kamen alle, die er fand; alle, die sonst nie zu einem Fest eingeladen wurden; alle, mit denen die anderen sonst nichts zu tun haben wollten. Und das Haus wurde voll.

Zum Schluss sagte der Herr: „Von den Gästen, die ich zuerst eingeladen habe, darf keiner mehr an meinem Fest teilnehmen."

Lukas 14,15–24; Matthäus 22,1–10

Der gute Mann aus Samarien

Ein kluger Schriftgelehrter kam eines Tages zu Jesus und fragte ihn: „Meister, was muss ich tun, um in den Himmel zu kommen?" Jesus antwortete ihm: „Du kennst doch die Gebote Gottes. Was steht in der Heiligen Schrift geschrieben?"

Der Schriftgelehrte sagte: „Du sollst Gott lieben aus ganzem Herzen und mit all deiner Kraft. Und deinen Nächsten sollst du so lieben, wie du dich selber liebst." Jesus sprach: „Du hast richtig geantwortet. Wenn du Gott und deinen Nächsten liebst, wirst du in den Himmel kommen."

Da fragte der Schriftgelehrte: „Und wer ist mein Nächster?" Darauf erzählte Jesus eine Geschichte, um es ihm zu erklären: Ein Mann ging von Jerusalem nach Jericho. Plötzlich kamen Räuber. Sie schlugen ihn zusammen, nahmen ihm alles weg und ließen ihn halbtot liegen.

Zufällig kam ein Priester vorbei. Er sah den Verwundeten, ging auf die andere Straßenseite und zog weiter. Wenig später kam ein Levit, ein Mann, der im Tempel Dienst tat. Auch er sah den Verletzten und ging an ihm vorüber.

Dann ritt ein Fremder aus Samarien vorbei, ein Samariter. Er hatte Mitleid mit dem Verletzten. Er verband ihm die Wunden, so gut er konnte. Dann lud er ihn auf seinen Esel, brachte ihn zu einer Herberge und kümmerte sich darum, dass er gut versorgt wurde.

Nachdem Jesus die Geschichte erzählt hatte, fragte er den Schriftgelehrten: „Wer von den dreien war der Nächste für den, der in die Hände der Räuber fiel?" Der Gelehrte antwortete: „Der Fremde, der ihm geholfen hat!" Darauf sagte Jesus zu ihm: „Geh hin und mach es genauso!"

Lukas 10,25–37

Das richtige Beten

Eines Tages, als Jesus mit dem Beten im Tempel fertig war, sprach einer der Jünger zu ihm: „Herr, lehre uns beten!" Dann lehrte Jesus seine Jünger das Gebet, das wir das „Vaterunser" nennen. Es ist das wichtigste und schönste Gebet, das wir kennen.

Nachdem Jesus den Jüngern dieses Gebet vorgesprochen hatte, erklärte er ihnen, wie sie beten sollten. „Bittet, dann wird euch gegeben", sagte er, „sucht, dann werdet ihr finden; klopft an, dann wird euch geöffnet!"

Weiter sagte Jesus zu seinen Jüngern: „Glaubt ihr nicht, dass Gott, euer liebender Vater, froh ist, wenn er euch gute und schöne Dinge geben kann? Geben nicht alle guten Väter ihren Kindern gern gute Dinge und machen sie gern glücklich?"

Dann nannte Jesus seinen Jüngern einige Beispiele:
„Wenn ein kleiner Junge zu seinem Vater geht und ihn um ein Stück Brot bittet, wird er ihm dann einen Stein geben? Nein, er wird ihm Brot geben. Und wenn der Sohn seinen Vater um einen Fisch bittet, wird er ihm dann eine Schlange geben?
Kein Vater würde das tun. Oder wenn der Sohn seinen Vater um ein Ei bittet, wird er ihm stattdessen ein scheußliches Insekt geben? Nein!"

Zum Schluss sagte Jesus: „Wenn nun gewöhnliche Väter ihren Kindern gute Dinge geben, um wie viel mehr wird Gott denen Gutes geben, die ihn darum bitten. Der himmlische Vater hält für alle, die sich vertrauensvoll an ihn wenden, die besten Geschenke bereit."

Nach diesen Beispielen verstanden die Jünger besser, wie sie mit Gott sprechen sollten.

Matthäus 7,7–11; Lukas 11,9–13

Der reiche Kornbauer

Eines Tages predigte Jesus am Jordan. Eine große Menschenmenge drängte sich um ihn und wollte ihn hören. Seine Worte beeindruckten die Menschen sehr. Da erzählte er den Leuten, unter denen auch seine Jünger waren, die Geschichte vom reichen Kornbauern.

Es war einmal ein reicher Mann. Dieser besaß große Felder mit fruchtbarer Erde, auf denen viel Getreide wuchs, Weizen in Hülle und Fülle. Die Ernte war so reich, dass er nicht mehr wusste, wohin damit. Er konnte das viele Korn in seinen Scheunen nicht mehr unterbringen.

Stolz und zufrieden stand der Mann nun da. Er dachte bei sich: Was soll ich jetzt tun? Wie soll ich das alles unterbringen? Wo soll ich hin mit all dem Korn? Ich habe nicht genug Lagerräume.

Da kam ihm plötzlich ein Einfall. Er sagte zu sich: Ich will meine alten Scheunen abreißen und neue, größere bauen. Darin kann ich mein ganzes Getreide unterbringen. Dann habe ich einen großen Vorrat auf viele Jahre. Und dann kann ich mich ausruhen, essen und trinken und fröhlich sein.

Als der reiche Mann gerade so in Gedanken verloren war, sprach Gott zu ihm: „Du Narr! Noch in dieser Nacht wirst du sterben. Wem werden dann dein ganzes Getreide und deine vielen Vorräte gehören? Warum hast du daran nicht gedacht?"

Zum Schluss dieser Geschichte sagte Jesus zu seinen Zuhörern: „So geht es jedem, der für sich selbst Schätze sammelt, aber vor Gott nicht reich ist." Das bedeutet: Wir sollen nicht immerzu auf das sehen, was wir besitzen und noch dazubekommen können, sondern unsern Blick auf Gott richten. Nur er kann unser Leben reich und glücklich machen!

Lukas 12,16–21

Der unfruchtbare Feigenbaum

Einmal erzählte Jesus den Leuten, die zu ihm kamen, die Geschichte vom unfruchtbaren Feigenbaum: Ein Mann hatte einen Weinberg. In diesen Weinberg hatte er einen Feigenbaum gepflanzt. Eines Tages kam der Mann und wollte von dem Baum Früchte ernten. Aber er fand keine.

Der Mann war sehr enttäuscht und sagte zu seinem Weingärtner: „Nun komme ich schon drei Jahre lang hierhin und suche Früchte an diesem Feigenbaum. Doch ich finde keine. Reiß den Baum raus, denn er nimmt allem andern nur den guten Boden weg!"

Darauf erwiderte der Weingärtner: „Meister, warte noch ein Jahr! Ich will den Boden um den Feigenbaum herum aufgraben und düngen. Vielleicht bringt er dann im nächsten Jahr doch noch Früchte. Wenn nicht, dann lass ihn umhauen!"

Von den über fünfzig Geschichten, die uns Jesus erzählt hat, ist diese Feigenbaumgeschichte die schwierigste. Sie wird ganz selten irgendwo erwähnt. Sie ist fast in Vergessenheit geraten.

Was meint Jesus mit dieser Geschichte? Wie der Besitzer des Weinbergs den Feigenbaum vorfindet, so trifft auch Gott uns Menschen häufig an. Wir tragen keine Früchte. Der Boden in uns und um uns herum ist hart, festgetrampelt. Es geht nichts mehr in uns hinein.

Das muss wieder anders werden. Wir bekommen für ein Jahr wieder eine neue Chance. In dieser Zeit sollen wir den Boden aufgraben und düngen, das heißt: Gott und seine Botschaft in uns einlassen. Wir sollen in dieser Zeit Gottes Wort hören und danach handeln. Dann werden wir eines Tages Früchte bringen.

Lukas 13,6–9

Der Vater und die beiden Söhne

Jesus erzählte seinen Zuhörern einmal diese Geschichte: Ein Mann hatte zwei Söhne. Eines Tages bat der jüngere Sohn den Vater: „Gib mir das Geld, das ich einmal von dir erben werde!" Der Vater teilte das Vermögen und gab ihm seinen Teil.

Der jüngere Sohn packte alles, was er hatte, zusammen und zog weit weg in ein fernes Land. Dort lebte er in Saus und Braus. Er aß und trank und spielte, und schon bald hatte er alles Geld, das ihm der Vater gegeben hatte, verprasst.

Plötzlich kam eine schreckliche Hungersnot über das Land, in dem er lebte. Um etwas zu essen zu bekommen, hütete er bei einem Bauern die Schweine. Da dachte er: Wie gut hatte ich es doch bei meinem Vater! Und er war sehr traurig.

Arm und hungrig brach der Sohn auf und kehrte zu seinem Vater zurück. Dieser sah ihn schon von weitem kommen. Er lief seinem Sohn entgegen, gab ihm einen Kuss und umarmte ihn. Er freute sich, dass sein Sohn zurückgekehrt war. Sofort ließ er ein großes Fest vorbereiten.

Als der ältere Sohn von der Arbeit nach Hause kam und hörte, was los war, sagte er erbost zu seinem Vater: „Seit vielen Jahren bin ich hier und tue alles, was du sagst. Ich habe dir immer gehorcht, doch noch nie hast du mir ein Fest bereitet. Aber jetzt, wo der da kommt, lässt du das beste Kalb schlachten!"

Der Vater antwortete ihm: „Mein Sohn, alles, was ich habe, gehört auch dir. Wir müssen uns doch freuen und ein Fest feiern. Denn dein Bruder war lange weg und ist jetzt zurückgekommen. Er war verloren, und nun haben wir ihn wieder unter uns!"

Lukas 15,11–32

In dieser Reihe sind erschienen (in Auswahl):

Maria-Regina Bottermann-Broj
Die Geschichte der Emmaus-Jünger den Kindern erzählt
mit Bildern von Getrud Schrör
ISBN 3-7666-9900-8

Ursula Lohmann
Der Kreuzweg Jesu den Kindern erklärt
mit Bildern von Kommunionkindern
ISBN 3-7666-0001-X

Dietmar Rost / Joseph Machalke
Gottes Liebe ist so wunderbar
mit Bildern von Waltraud M. Jakob
ISBN 3-7666-9818-4

Dietmar Rost / Joseph Machalke
Weihnachten den Kindern erzählt
mit Bildern von Heide Mayr-Pletschen
ISBN 3-7666-9901-6

Ausgabe in neuer Rechtschreibung

Die Deutsche Bibliothek – CIP-Einheitsaufnahme

Abeln, Reinhard:
Die Gleichnisse Jesu den Kindern erzählt /
von Reinhard Abeln. – Ausg. in neuer Rechtschreibung. – Kevelaer : Butzon und Bercker ;
Lahr : Kaufmann, 1998
  ISBN 3-7666-0124-5 (Butzon & Bercker)
  ISBN 3-7806-2451-6 (Kaufmann)

ISBN 3-7666-0124-5 Verlag Butzon & Bercker
ISBN 3-7806-2451-6 Verlag Ernst Kaufmann

© 1998 Verlag Butzon & Bercker D-47623 Kevelaer
Alle Rechte vorbehalten
Gesamtherstellung: Druckhaus Benatzky, Hannover